Curso para los que empiezan

Volunteer Project Management

Índice

ELABORACIÓN DE PROGRAMAS/PROYECTOS EN LAS ENTIDADES DE VOLUNTARIADO — 4
¿Qué es el voluntariado? — 5
Ciclo vital de la acción voluntaria. — 18

Qué debe estar claro antes de definir un Programa de voluntariado — 27
Propuesta de Metodología — 30
El Diagnóstico: Base del diseño — 31
Herramienta de Ishikawa. — 41

Elaboración de un Programa de voluntariado — 43
A. OBJETIVOS GENERALES — 47
B. OBJETIVOS ESPECÍFICOS — 48
Recursos humanos — 69
Recursos materiales — 69
Recursos económicos — 70

Plan de control, seguimiento y evaluación — 71

DESARROLLO DE LA EVALUACIÓN — 90
INTERNA — 95
EXTERNA — 96
REALIZACIÓN DE UN ESTUDIO PILOTO — 118
ANÁLISIS — 123
INDICADORES — 132

PRÓLOGO

Desde que comencé, hace ya algunos años, a dedicarme a esta disciplina, me di cuenta de que has de ser muy bueno en planificación, diseño, ejecución, seguimiento, control, saber cerrar los proyectos con éxito y controlar los recursos sobre todas las cosas.

En proyectos de voluntariado, y en cualquier proyecto, necesitas tener habilidades de liderazgo que te permitan ejecutar planes, mantener una comunicación eficaz al hablar con tus compañeros de equipo, negociar y llegar a acuerdos.

Con este libro pretendo dar una visión específica a aquellos que empiezan en este mundo sobre técnicas de dirección de proyectos de voluntariado, haciendo hincapié en la comprensión de sus conceptos básicos y hablando brevemente de técnicas más avanzadas, aunque, no lo olvides, este es un libro de iniciación...

Tu camino es largo, recuérdalo y, adelante.

I Lokatis

ELABORACIÓN DE PROGRAMAS/PROYECTOS EN LAS ENTIDADES DE VOLUNTARIADO

Antes de empezar a trabajar en nuestro Programa de Voluntariado debemos conocer los principales conceptos relacionados con él. Desde lo más básico, como qué es el voluntariado y sus ámbitos de actuación bajo la nueva Ley, hasta la definición de un Programa de voluntariado.

Por último, detallaremos el ciclo de vida de la acción voluntaria desde dos metodologías diferentes, pero complementarias.
Si quieres conocer con más profundidad el concepto bajo la Ley de Voluntariado 45/2015 de 14 de octubre, puedes acceder a más información en el curso "Construyendo tu voluntariado" de la Plataforma del Voluntariado de España.

¿Qué es el voluntariado?

Existen multitud de definiciones de voluntariado, prácticamente cada entidad de voluntariado tiene la suya propia e incluso cualquier persona que haga voluntariado tiene su propia definición de lo que sería la acción voluntaria en función de sus creencias, experiencias, valores, etc.

Podría decirse que la definición más completa es la que recoge la Ley 45/2015, de 14 de octubre de 2015. Pero como comentábamos, existen muchos tipos de definiciones, pero para que sean voluntariado han de cumplir (art. 3):

"Se entenderán como actividades de interés general, aquellas actividades dentro de los ámbitos de actuación del voluntariado dirigidas a mejorar la calidad de vida de las personas y de la sociedad en general y a proteger y conservar el entorno."

Ámbitos de actuación del voluntariado

Históricamente, el voluntariado ha estado ligado casi en su totalidad a la Acción Social, ya que las diferentes expresiones de llevar a cabo la acción solidaria se han ido siempre integrando de una manera u otra dentro de la intervención social.

No obstante, la nueva Ley consigue dar una identidad a cada una de las expresiones en las que el voluntariado se manifiesta. Por ello, recoge hasta 10 ámbitos diferentes donde realizar la acción solidaria, una enumeración que no se encuentra cerrada del todo y que en el futuro podría ampliarse.

Todos estos ámbitos de acción solidaria tienen un componente de mejora, por medio de la transformación social (ya sea individual o colectivo). De hecho, si atendemos a definiciones sobre qué es la intervención social, como la de Saiz y Yela (2013):

"La intervención social es la operativización de la política social mediante la planificación, ejecución y evaluación de programas y proyectos orientados a los fines de la política social (solución de problemas sociales, compensación de una situación social, negativa, discriminatoria o de desigualdad de un colectivo social o comunidad, fomento de la participación social y/o promoción de comportamientos saludables y de la calidad de vida".

Podemos establecer un claro vínculo entre intervención social y acción solidaria, de manera que, en su mayoría, los programas de voluntariado contendrán, de una manera general, proyectos sociales.

Un programa de voluntariado es una herramienta de planificación. Su nivel de detalle y contenidos se enmarca habitualmente por encima del concepto de proyecto.

En ese sentido, no es necesario que sea tan concreto como un proyecto, sino que abarca normalmente cuestiones más generales, pero siendo específicas de la acción voluntaria.

De esta manera podríamos definir ambos conceptos (Programa y Proyecto) de esta manera:

Programa: El Programa concreta objetivos y temas, teniendo como marco un tiempo determinado (generalmente no muy largo), y permite establecer una visión general. Además, ordena los recursos disponibles en torno a las acciones y objetivos que mejor contribuyan a la consecución de las estrategias marcadas.

Proyecto: se refiere a una intervención concreta, individualizada, para hacer realidad algunas de las acciones contempladas en el nivel anterior (el nivel táctico). Define resultados previstos y procesos para conseguirlos, así como el uso concreto de los recursos disponibles.

Evidentemente, esta es una construcción artificial, pero establece un lenguaje común de gestión y está basada en la experiencia de planificación de muchas organizaciones, por lo que será la que tomemos de referencia.

Otra opción es que la información requerida por la Ley se incorpore como epígrafe aparte en un proyecto o como anexo al mismo, especificando información clave sobre la gestión del voluntariado, asegurando que cumplimos con la información que como mínimo nos obliga la Ley.

Por otro lado, en entidades de gran tamaño, o en las que la acción del voluntariado exige una visión más a medio-largo plazo, se pueden establecer enfoques de mayor rango, que en lenguaje de gestión suelen denominarse Planes (Plan estratégico, Plan de voluntariado...) y, bajo los cuales, se desarrollarían los programas de voluntariado.

Qué es un programa de voluntariado y su importancia

Un programa de voluntariado es una herramienta por la que se canaliza la acción solidaria desde una entidad de voluntariado.

A efectos prácticos es un documento en el que se describen y planifican determinados aspectos de la acción voluntaria, siempre contando que:

- Es social en la línea en la que debe ir encaminado a mejorar la calidad de

vida de las personas y de la sociedad en general y a proteger y conservar el entorno.
- Pretende transformar la realidad de manera activa.
- Se estructura mediante una serie de actividades y procesos con una asignación planificada de recursos materiales y humanos.
- Es de voluntariado, ya que se desarrolla por personas físicas (bajo entidades de voluntariado), sin contraprestación económica o material y sin que tengan su causa en una obligación personal o deber jurídico y sea asumida voluntariamente.

Los programas de voluntariado se elaboran desde las entidades de voluntariado. Éstas tienen obligación de elaborarlos con el siguiente contenido mínimo (Art 7 Ley del voluntariado).

Conocer los contenidos mínimos no quiere decir que sepamos cómo definir un programa de voluntariado. Hay reflexiones y enfoques que debemos realizar para asegurar la coherencia de todo el sistema.

En sentido práctico, si somos nosotros quienes nos tenemos que encargar de la gestión de los voluntarios, esta es una herramienta muy útil, ya que nos facilita en un solo documento una visión general de muchas cuestiones.

Aunque, evidentemente, hay que dedicar algo de tiempo a realizarla, es más fácil establecer una planificación a alto nivel (y en detalle si se desea) y nos obliga a establecer un sistema de seguimiento.

Un programa de voluntariado es una herramienta que nos obliga a reflexionar, pero que es muy útil a la hora de controlar las claves de la gestión de nuestra acción de voluntariado.

Algunas de estas claves son:

Definición de objetivos:

Sin una adecuada definición de objetivos, no se tendrá claro cuál es el fin de la acción, las personas participantes no estarán alineadas (y posiblemente adecuadamente motivada) y se desperdician esfuerzos.

Planificación de actividades:

Sin una planificación de actividades será mucho más complicado asegurar alcanzar el objetivo en tiempo y forma. Se reduciría la capacidad de coordinación y aumentan los riesgos de errores.

Asignación y gestión de recursos:

Sin una adecuada asignación y gestión de recursos, lo más probable es que a la hora de realizar los proyectos no se disponga de los recursos necesarios o que se disponga de demasiados (y en el caso de que sean recursos humanos es aún más importante), aumentando el coste de la acción.

Evaluación del resultado o impacto:

Sin una adecuada evaluación del resultado o impacto no se podrá conocer si se han conseguido los objetivos y, por tanto no podremos conocer ni demostrar interna y externamente el éxito del programa y, lo que no es menos importante: si debemos mejorar.

Pero los programas de voluntariado no solo pueden servir para conseguir sus fines principales, sino para establecer nuevas formas de ver la relación de los agentes que los producen como el enfoque sistémico o la acción participativa, que comportan efectos no sólo en el ámbito de actuación de la acción solidaria, sino en todo el ecosistema en que se engloban y los agentes implicados.

Y, todo esto, de una manera más consciente y dirigida, por lo que los resultados son más amplios y con mayor impacto.

La acción voluntaria.

Aunque es un mantra de la gestión y puede parecer muy manido, las fases en la vida de la acción voluntaria son como en las de cualquier acción (Planificar - Hacer - Evaluar - Mejorar).

Bajo la Ley del Voluntariado estamos obligados a que nuestro programa del voluntariado siga este ciclo vital y, por ello, nos obliga no solo a planificar la actividad, sino también los mecanismos de control, seguimiento y evaluación del art. 7, epígrafe y), de manera que podamos prever la manera de verificar si hemos tenido éxito.

Aquí planteamos una propuesta genérica de ciclo de vida de la acción voluntaria con tareas, técnicas y estrategia sobre las que podemos construir nuestro propio programa.

Tras esta propuesta, más formal y clásica, os proponemos que reviséis algunas herramientas más novedosas a la hora de trabajar en proyectos innovadores o con más incertidumbre en su desarrollo: **Design Thinking y Scrum.**

Ciclo vital de la acción voluntaria

<u>Demanda</u>
Discriminar la fuente, la urgencia y las condiciones de la demanda (escucha activa).

Identificación del problema
Evaluación inicial de: contexto, participantes, problemas, necesidades, objetivos (valoración de alternativas de solución).

Diseño
Definición operativa de los problemas; elección de la metodología, de los recursos (materiales, económicos y humanos), de las acciones y cronograma. Plan, Programa, Proyecto.

Ejecución / Gestión
Acciones destinadas a la mejora planificada.
Implementación, evaluación continua, variación de estrategias

Evaluación, seguimiento y mejora
Impacto sobre la población diana, la comunidad general y otras posibles repercusiones. Análisis de resultados y opciones de mejora. Implantación de las mejoras.

Design thinking

El *design thinking* es una metodología para generar ideas innovadoras vinculadas a necesidades reales. Es más una metodología que un modelo, pero sus fundamentos se pueden aplicar al ciclo de vida de la acción voluntaria.

En esta metodología no se establecen fases temporalmente consecutivas, sino que de manera permanente se valora la idoneidad de retroceder en la secuencia de actividades con el fin de asegurar un ajuste permanente a las necesidades de los/las destinatarios/as de la acción y de que las acciones se adecúan a sus necesidades.

Propone que se trabaje en equipo, colaborativamente y mediante herramientas visuales (paneles, cartulinas…) facilitando la reflexión y la discusión.

Por otro lado, plantea la acción como algo permanentemente en estado "piloto", partiendo de la base de que ninguna acción planificada será perfecta, sino que estará siendo testada de manera permanente para que pueda revisarse de manera continua.

Etapas y propuesta de despliegue de Design Thinking.

Empatiza
Identifica quién es/son las personas destinatarias, reflexiona sobre cuáles son sus necesidades y el origen de las mismas. Valora que otras partes interesadas (veremos qué son en el siguiente módulo) rodean el problema.

Define
Enfoca el reto. Define cuál es el problema de manera clara y concisa. Asegúrate de que todas las personas lo entienden y lo comparten.

Idea
Despliega tu creatividad. Haz participar a todo el mundo. No tengas miedo de salirte de lo habitual en un primer momento. Luego valora la idoneidad de cada opción.

Prototipa
Visualiza las posibilidades a través de productos o acciones con forma. Define fases, actividades, responsabilidades, recursos, calendario, riesgos...

Testea
Prueba, estudia, aprende, soluciona fallos o vuelve atrás

Scrum

Scrum es una metodología de gestión de proyectos, equipos y tareas. El gran beneficio que aporta es que, permite mucha flexibilidad al trabajar en ciclos cortos de trabajo, asegura una comunicación adecuada en los equipos, así como mayor participación.

Bajo esta metodología, los ciclos de trabajo se dividen en "Sprints" de 2 a 4 semanas, que comienzan por una planificación inicial, a ser posible, visual (normalmente en un panel con post-it) y muy detallada, de las tareas y responsabilidades a realizar en ese ciclo.

A partir de ahí, el equipo se reúne sistemáticamente en reuniones de conexión de 5 a 10 minutos denominadas *"daily meeting"* en los que se actualiza la información de lo hecho y por hacer. Al final de cada ciclo se evalúa lo avanzado y se reflexiona sobre posibles mejoras.

Es una metodología muy sencilla que, evidentemente, tiene algo más de profundidad que la expuesta aquí.

No obstante, esta es la metodología de trabajo que utiliza una Plataforma de Voluntariado.

Claves del módulo. Ideas fundamentales.

La Ley octubre de 2015 define hasta 10 ámbitos diferentes donde realizar la acción solidaria.

Los programas de voluntariado son herramientas de planificación. Concretan ideas y objetivos más generales del plan en un lugar y tiempo determinados y a partir de unos recursos concretos disponibles.

Según la Ley, los programas de voluntariado se elaboran desde sus propias entidades. Éstas tienen obligación de elaborarlos con un contenido mínimo y con una adecuada planificación. Sin un programa de voluntariado elaborado por la entidad, la gestión de la acción voluntaria sería mucho menos eficaz y eficiente (riesgo de descoordinación, mala gestión de recursos, incapacidad para valorar el éxito de la acción voluntaria...)

Las fases en la vida de la acción voluntaria son como en las de cualquier acción (Planifica-Haz-Evalúa-Mejora) si bien el hecho de existir una necesidad de mejora implica que para establecer sus objetivos sea necesaria una fase previa, muy importante, de diagnóstico o identificación de los problemas y sus causas.

Qué debe estar claro antes de definir un Programa de voluntariado.

En esta sección nos centraremos en las fases previas, pero IMPRESCINDIBLES, para la orientación de un Programa de Voluntariado, independientemente de si viene precedido de un Plan de voluntariado o no.

Identificamos el ámbito a mejorar y valoraremos las opciones y las prioridades a la hora de establecer objetivos y seleccionar actuaciones.

Sin un buen diagnóstico de la situación y del entorno, independientemente de que el objetivo sea loable, estaremos trabajando en la dirección inadecuada.

La Ley del voluntariado, parte de la existencia de una realidad voluntaria de la que ya se conocen sus fines y objetivos y que esos fines y objetivos van dirigidos a cubrir una necesidad en particular (con carácter solidario).

Es probable que la Organización no haya hecho una reflexión sistemática, o que, tras años de actividad, cada agente dentro de la acción voluntaria tenga una idea diferente del ¿Para qué hacemos esto?

En este curso nos centramos en la planificación (el diseño, al fin y al cabo) de un Programa de Voluntariado, lo que veremos con detalle en el siguiente módulo, pero entendemos que los cimientos de cualquier programa son ese *¿Para qué?*, desde el que se articula todo.

Como fase previa imprescindible, necesitaremos establecer esos fines, y si están establecidos, asegurar que son coherentes.

En el caso de acciones que no se realizan en exclusiva como acción voluntaria sino que están vinculadas a intervenciones de profesionales, es muy probable que el diagnóstico ya se haya realizado porque haya sido necesario para definir la acción global.

No obstante, en ocasiones no partimos de esa información, ya sea porque el diagnóstico no se haya efectuado o porque no esté suficientemente claro.

Si ese es el caso, os proponemos una secuencia de reflexiones que facilitarán el análisis de la situación, que os ayudarán a establecer los futuros objetivos de la acción voluntaria y que se trasladarán al Programa de Voluntariado. Si el diagnóstico ya se ha realizado y se tiene claro el problema o la cuestión a trabajar, recomendamos al menos una lectura rápida del módulo.

Alrededor de estos objetivos se estructurará toda la acción de voluntariado, por lo que es clave que sean coherentes y conocidos por todos. El siguiente diagrama estructura la propuesta de metodología previa a su determinación.

Propuesta de metodología.

-Percepción de la situación del problema.
-Diagnóstico de la situación.
-Identificación del problema central, causas y efectos.
-Hipótesis en torno a causas y efectos.
-Establecimiento de prioridades de acción.

Percepción/Observación de una situación problema.

En general, el impulso y energía para implementar proyectos sociales se origina en investigaciones y/o constataciones de situaciones no deseables o susceptibles de modificar.

Así, un proyecto nace a partir de la identificación de un problema o de una carencia que se desea mejorar o resolver.

Esta percepción se puede basar en la intuición, pero si disponemos ya de información objetiva, facilitará la toma de decisiones.

El Diagnóstico: Base del diseño.

Una vez detectados el o los problemas se hace necesario un análisis más profundo, de manera que se obtenga la mayor cantidad de información posible acerca de ello.

Este primer análisis se denomina Diagnóstico y se define como la actividad mediante la cual se interpreta, de la manera más objetiva posible, la realidad que interesa transformar.

Constituye la base sobre la cual se definirá la acción. A través de este análisis se definen los problemas prioritarios. Un buen diagnóstico debe ser capaz de mostrar -idealmente con datos que lo avalen-, la realidad sobre la cual se desea intervenir a través del proyecto para cambiarla o investigarla.

Pero no basta señalar y describir los problemas. Un buen diagnóstico debe explicar la prioridad o urgencia que estos adquieren, para fundamentar y justificar la necesidad de invertir recursos para su solución.

Se debe identificar el grupo que sufre el problema y la forma en que se expresan en ellos las consecuencias, caracterizando la situación en que se encuentran. Del mismo modo, se deberá describir quiénes serán las personas beneficiarias directas e indirectas del proyecto.

Las personas beneficiarias directas son quienes recibirán y se beneficiarán directamente de las acciones. Es en ellas donde se esperan ver reflejados los cambios enunciados en los objetivos específicos de la acción.

Las personas beneficiarias indirectas corresponden a todos los grupos de interés que están en relación con las directas. En este tipo de beneficiarios es posible, posteriormente, observar y medir el o los impactos de los proyectos.

Identificación del Problema Central.

Una vez sistematizada y analizada la información sobre la situación problema, se deberá identificar el principal problema que explica -en gran parte- la condición y estado de la realidad estudiada. Definir y describir sus causas (origen) y principales efectos (consecuencias) para quienes lo sufren. Es sobre una o varias de estas causas y/o sus efectos, que se estructurará la propuesta de intervención.

Hipótesis en torno a causas y efectos del Problema Central.

La experiencia, así como la información objetiva previa, permiten establecer relaciones y condiciones (Hipótesis), entre las causas y los efectos descritos anteriormente.

Este ejercicio es sumamente importante para asegurarnos tener éxito con la realización de nuestro proyecto: En la medida que seamos capaces de estrechar cada vez más la relación y condición de causalidad entre estas variables, estaremos más cerca de impactar positivamente en la solución de el o los problemas.

Dichas hipótesis deberán perfeccionarse y acotarse una vez que se hayan definido los objetivos del proyecto. Las relaciones propuestas en la o las hipótesis deberán ser susceptibles de ponerse a prueba durante el transcurso de la ejecución del proyecto.

1. *¿Por qué?* El barrio está estancado, y tiene problemas de delincuencia juvenil.
2. *¿Por qué?* Los y las jóvenes no encuentran trabajo.
3. *¿Por qué?* No tienen acceso a trabajos de calidad.
4. *¿Por qué?* No tienen la formación adecuada (empleabilidad).
5. *¿Por qué?* Abandonan el colegio demasiado pronto.

Establecimiento de prioridades de acción.

Una vez definido el problema y sus causas, estaremos en disposición de definir las acciones que queremos llevar a cabo.

Por supuesto, es posible que la acción ya esté definida. Es posible que el Programa de Voluntariado forme parte de una acción social de mayor envergadura y con otros agentes o que venga predefinida. Si no es así, y hemos comenzado por la percepción de una necesidad de mejora. Tras el análisis de posibles causas nos encontraremos con múltiples opciones que atajar y múltiples opciones a la hora de actuar.

Como no dispondremos de recursos ni tiempo ilimitado, deberemos priorizarlas para poder dirigirnos a las que mayor impacto tienen sobre el problema y, tras valorar las opciones, seleccionar las acciones más convenientes.

Qué hacemos con el análisis. Fundamentos y justificación del proyecto.

Es fundamental cuando se elabora un programa de voluntariado, que probablemente afecte a diversas partes interesadas, demostrar no solo la idoneidad, sino la necesidad y la capacidad prioritaria de acción de dicho proyecto en un contexto determinado, para un grupo concreto y con una temporalidad específica.
No se trata solo de que el Programa sea interesante o adecuado, sino mostrar todos los valores añadidos y ventajas competitivas

de este proyecto en concreto frente a otras posibilidades de intervención.

Para conseguirlo, tal y como hemos dicho anteriormente, es fundamental reflejar de manera clara y concreta el hecho de que se ha realizado, al menos, un diagnóstico objetivo, un análisis causa-efecto detallado, de manera que sea evidente que la acción tendrá impacto a la hora de conseguir la mejora propuesta.

En función del contexto donde se va a llevar a cabo y las partes interesadas implicadas, las necesidades informativas de dichos agentes implicados, especialmente si vamos a implicarnos en el proyecto, serán diferentes. Además, la información para la justificación del proyecto debe ser actual, concreta y proporcional al tipo de proyecto que se va a presentar.

A partir de las necesidades informativas de las partes interesadas podremos elaborar la información adecuada en los soportes adecuados. Puede no ser de interés proporcionar a un presidente de una asociación de vecinos, un dosier de 200 páginas, pero tampoco será posiblemente de interés para un técnico de un Ayuntamiento, un PowerPoint con dos diapositivas.

En todo caso, debe quedar claro que el análisis tiene sentido, es coherente y se prevé que tenga impacto.

Otras propuestas en el análisis de las causas.

Aquí proponemos algunos ejemplos de herramientas para realizar el análisis de causas. Son herramientas que pueden ser utilizadas individualmente o en equipo y que pretenden profundizar o ampliar las miras a la hora de poder actuar sobre las verdaderas causas que originan una situación, y no únicamente sobre lo superficial.

Herramienta: Técnica de los 5 porqués.

La técnica de los 5 porqués nos ayuda a identificar, mediante un análisis sistemático, las causas últimas de cada problema identificado. Se comienza identificando el problema y a partir de ahí se realizan 5 porqués consecutivos:

Ejemplo: No llegué a la hora a la entrevista con la concejal cuando soy una persona muy puntual.

¿Por qué no llegué a la hora? Porque hubo tráfico.
¿Por qué el tráfico me retrasó? Porque no consulté el tráfico en Google Maps
¿Por qué no consulté el tráfico en google Maps? Por qué no tenía batería
¿Por qué no tenía batería? Porque ayer no lo puse a cargar
¿Por qué no lo puse a cargar? Porque se quedó el móvil de mi hija para ver YouTube.
Evidentemente, no siempre es necesario llegar a 5, aunque es muy recomendable.

Por otro lado, habrá diferentes respuestas (diferentes causas) que hagan que el árbol de causa-efecto se abra, aunque es recomendable priorizar según se va abriendo el árbol para poder hacerlo gobernable.

Por supuesto, que el ejercicio debería ser compartido para poder aportar todos los puntos de vista posibles.

Herramienta de Ishikawa.

Otra versión estructurada de análisis de causa-efecto es el diagrama de Ishikawa. Este propone definir las relaciones causa-efecto en una estructura de "raspa de pescado" en la cual se van ramificando las causas, las causas de las causas, y así hasta que se encuentren con claves sobre el origen de las cuestiones que se han planteado y, a ser posible, a un nivel sobre el que se pueda trabajar.

Como para el ejemplo anterior, es interesante la participación en su elaboración de diferentes personas, conocedoras en la medida de lo posible de la realidad a analizar.

Claves del módulo.

Para elaborar un programa de voluntariado lo primero que deberemos establecer son los objetivos, y para ello es necesaria una fase previa de diagnóstico o identificación del problema y sus causas.

Para ello se propone la realización secuencial de los siguientes análisis y reflexiones:

-Percepción del problema.
-Diagnóstico.
-Identificación del problema central.
-Hipótesis causa-efecto. Una vez definidas las hipótesis causa-efecto, es conveniente priorizarlas y valorar lo más objetivamente posible qué causas son las que más inciden en la cuestión.
-Percepción de la situación del problema.
-Diagnóstico de la situación.
Identificación del problema central, causas y efectos.
-Hipótesis en torno a causas y efectos.
-Establecimiento de prioridades de acción.

Elaboración de un Programa de voluntariado.

Hay determinadas cuestiones a la hora de elaborar un programa de voluntariado que debemos responder, independientemente del modelo o la sistemática que escojamos.

Por supuesto, podemos crear nuestro propio programa, añadiendo valor basándose en la experiencia, conociendo los modelos actuales y lo que nos exige la Ley de Voluntariado, como haremos en este módulo.

En este epígrafe intentaremos responder a las cuestiones clave relacionadas con la elaboración de un programa de voluntariado y propondremos reflexiones y herramientas que facilitarán su definición.

Recordemos que un programa de voluntariado es una herramienta de planificación. Pretende vincular la necesidad de una acción solidaria, con unos objetivos propuestos y una serie de actividades, asignando a alto nivel recursos materiales y humanos.

A la hora de elaborarlo, y partiendo del trabajo de diagnóstico y análisis de causas realizado previamente, los ámbitos que proponemos definir son:

Elaboración de los fines y objetivos.

Es una fase a la que habitualmente no se le presta demasiada atención. Las organizaciones se centran en la actividad, en ocasiones pasando de puntillas, cuando es la fase principal, ya que vincula el análisis de la realidad con las actividades, dotando al conjunto de una coherencia imprescindible.

Una buena determinación de objetivos garantiza un correcto desarrollo del proyecto y una claridad y concreción que no se tiene con una serie de objetivos de "copiar y pegar".

Para la elaboración y definición de los objetivos del Programa se procederá a transformar el problema central, sus causas y efectos, en metas a lograr; es decir, se deberán constituir en las soluciones a los problemas implicados en las causas o los efectos según se trate.

Así, los objetivos de un Programa se refieren a los cambios esperados en la situación inicial del problema identificado, a través de las actividades y productos/resultados planificados. Estos objetivos dan cuenta del estado final del problema central, una vez realizadas y finalizadas las acciones.

En general, hay coincidencia al definir dos tipos de objetivos en la elaboración de los proyectos sociales: Objetivo General y Objetivos Específicos.

A. OBJETIVOS GENERALES.

Enuncian el cambio final que transforma el problema central en una nueva realidad o en una solución al mismo. De alguna manera es el impacto que se espera producir en la realidad previamente diagnosticada .

Son los primeros que hay que plantearse y deberían ser muy pocos (no más de 2) y deben reunir las siguientes características:

Consecución a largo plazo. Describen procesos globales y se formulan en términos abstractos.
Evaluación. No se evalúan directamente, se debe hacer a través de los objetivos específicos.

En el caso de que la Organización haya establecido un Plan de Voluntariado a mayor nivel que el Programa, el Plan definirá los objetivos generales. El Programa podrá recoger estos objetivos generales y los desplegará en objetivos específicos, relacionando éstos con las actividades y proyectos que se propongan.

B. OBJETIVOS ESPECÍFICOS.

Son el medio necesario para lograr el objetivo general: Aquellos estados que hay que superar para llegar al objetivo general, generalmente identificados con las causas.

Los objetivos específicos representan lo que el Programa debe hacer por sí mismo, mediante sus propios recursos y actividades. Darán cuenta de las consecuencias o efectos de los productos y resultados del proyecto, identifican en forma más precisa aquello que se pretende alcanzar con los objetivos generales.

Rasgos que definen los objetivos específicos

-Se plantean a medio plazo.
-Corresponden a un área en concreto.
-Facilitan concretar la acción a desarrollar.

-Son evaluables.
-Se formulan en función de manifestaciones observables y evaluables.

Con objetivos bien formulados puede evaluarse mejor la coherencia de todo el proyecto.

Los objetivos específicos tienen como finalidad expresar los siguientes conceptos:

-Comportamientos o situaciones evaluables.
-Identificación de experiencias adecuadas.
-Conceptos básicos.
-Análisis de las relaciones.
-Aplicación de metodologías.
-Pistas sobre la redacción de otros objetivos.

Ejemplo: Laura recoge todos los aspectos trabajados previamente para elaborar los objetivos y fines. Y en una reunión con sus compañeros y compañeras, se define el objetivo general: Disminuir el fracaso escolar en Macondo.

Este objetivo está alineado con la misión de la Organización, que es "Mejorar la calidad de vida de los vecinos de Macondo" y si siguen la línea argumental de causas y efectos (ver módulo previo) entienden que si disminuyen el fracaso escolar conseguirán:

⇨ Mejorar su formación, y, por tanto, su empleabilidad.

⇨ Esto hará que puedan acceder a mejores trabajos.

⇨ Esto hará que disminuya el desempleo juvenil.

⇨ Esto hará que se reduzcan los problemas de delincuencia juvenil.

⇨ Esto mejorará la calidad de vida de las personas del barrio.

Cómo definir los objetivos.

A partir de la definición del problema y sus causas (ver epígrafes anteriores) se establecen los cambios en las situaciones o estados percibidos o detectados como negativos, por aquellos estados deseables, positivos pero también realistas.

Algunas de las características que debe reunir una buena definición de objetivos pueden ser:

Relacionar directamente los objetivos con las necesidades identificadas.

La definición de los objetivos debe ser lo suficientemente general como para permitir flexibilidad en la programación, pero siendo, al mismo tiempo, lo suficientemente específica como para medir los resultados.

Los objetivos deben definirse en función de los resultados que se esperan obtener, no en términos del proceso para conseguirlos. Una definición clara en este sentido debe indicar al menos: a quiénes se dirige, los resultados que se esperan obtener y cómo obtenerlos.

Los objetivos pueden valorarse como: reales, alcanzables, evaluables, motivadores, participativos y coherentes.

A la consabida división entre objetivos generales y específicos hay que hacerle una puntualización clara: el objetivo general tiene que estar relacionado con la línea estratégica del Programa que se va a realizar y, en su caso, con los fines e intereses del financiador.

Es de suma importancia definir un objetivo general, coherente, concreto y bien alineado. Si no partimos de ahí, los cimientos del Programa tendrán pies de barro. A su vez, los objetivos específicos tienen que ser operativos de manera que se puedan concretar en actividades reales.

Se les llame como se les llame, tienen que estar desarrollados de tal manera que permitan, en secuencia, la aparición de actividades directamente relacionadas con ellos.

Tras su enumeración se recomienda:

-Revisar y analizar la lógica y consistencia de las relaciones que se establecen entre

Objetivos Específicos (cambios planificados) y los Logros esperados (los efectos de dichos cambios, transformados en resultados objetivamente observables).
-Revisar los objetivos específicos en función del objetivo general y agregar nuevos objetivos si corresponde.
-Eliminar los objetivos innecesarios.

Verbos que hacen referencia a acciones generales

Enseñar - Educar, instruir

Facilitar - Posibilitar, disponer

Ofrecer - Promover, proporcionar

Sensibilizar - Concienciar, fomentar

Proyectar - Planificar

Proporcionar - Facilitar, proveer

Potenciar - Capacitar, posibilitar

Fomentar - Promover, impulsar

Acercar - Aproximar

Conocer - saber, comprender, desarrollar

Verbos que hacen referencia a acciones concretas

Elaborar - Producir, preparar

Practicar - Ejercer, usar, emplear

Llevar a cabo - Ejecutar

Colaborar - Cooperar, participar

Crear - Establecer, hacer, producir

Dar - Ceder, entregar

Resultados y/o productos esperados.

Son aquellos logros concretos y observables de las actividades del Programa. Cuando estamos frente a resultados de tipo material (manuales, libros, talleres, etc.) se habla de productos, en caso de resultados de tipo más cualitativos, se trata de resultados simplemente (profesores capacitados en.... mejoría en la autoestima... mejor comunicación... etc.)

A cada objetivo planteado y descrito en el Programa, le corresponderá, al menos, un resultado. De la misma manera, suelen obtenerse algunos resultados no esperados, producto de la relación entre las actividades, los factores externos, las características de las personas que forman el equipo y de los beneficiarios de las actividades del Programa. Estos también son sumamente importantes a la hora de realizar la evaluación y el análisis de la acción.

Definición y selección de la estrategia

Una vez definidos los objetivos del proyecto, se procederá a seleccionar la mejor estrategia para alcanzarlos.

Por estrategia se entenderá el conjunto de criterios y opciones que permiten ordenar e implementar las acciones necesarias para ejecutar la acción; o en palabras de S. Martinic:

"Son los medios o caminos que, a juicio de los autores del proyecto, resultan más adecuados y efectivos, para alcanzar los objetivos y cambios planteados. "

(Martinic, S; 1996).

La estrategia es siempre una gran hipótesis, que prioriza la importancia de ciertas variables y criterios sobre otros, de manera que asegure el mejorar y cambiar la situación problema diagnosticados.

A la hora decidir cuál es la estrategia, no hay casi nunca caminos claramente establecidos. Como en cualquier ámbito de la gestión, hay que tomar decisiones sin saber claramente si éstas harán que consigamos los objetivos establecidos. No obstante, contamos con dos grandes apoyos: la experiencia y la creatividad.

Podemos investigar sobre actuaciones similares en ámbitos similares (o no tan similares), y por supuesto en la experiencia de los/as profesionales y los/as voluntarios/as. Y, por supuesto, la creatividad. Incluso basándonos en la experiencia, siempre podemos incorporar nuevos enfoques o métodos.

Sea como fuere, la selección de la estrategia deberá hacerse basándonos en los objetivos planteados, los recursos disponibles (humanos y materiales) el tiempo que dure el proyecto y la orientación o enfoque que el proyecto asuma (cualitativo y/o cuantitativo).

En ese sentido, en ocasiones nos encontramos con diferentes opciones a valorar, pero como no disponemos de recursos infinitos, deberemos priorizar.

Para priorizar entre las diferentes opciones, la clave es saber cuáles son los criterios que utilizaremos. Os proponemos algunos ejemplos.

· La capacidad de la acción para eliminar la causa raíz.

· Los recursos necesarios para realizar la acción (cuantos menos, mejor).

· El conocimiento o la experiencia para llevarlo a cabo.

La realidad de la organización, el objetivo, los destinatarios de la acción o el momento en particular también pueden influir en qué estrategia o acciones se priorizan.

Los criterios de priorización de las actividades pueden ser muy variados, si bien Impacto y Capacidad suelen ser los que como mínimo se utilizan, aunque se recomienda el uso de más.

Por ejemplo, si se está elaborando desde una entidad de voluntariado con unos fines determinados, un criterio extra (con el peso que se considere) será el de ajuste a la misión y los fines de la organización.

También se pueden detallar, por ejemplo, el criterio de capacidad, desdoblándose en capacidad técnica, suficiente financiación, recursos humanos disponibles...

Las actividades

Las actividades concretan la consecución de los objetivos específicos. Responde a la pregunta "Qué se va a hacer".

Es muy importante definirlas bien porque son el reflejo más inmediato del proyecto, lo que ven los/as destinatarios/as. Describir bien las actividades nos será muy útil, ya que de esta forma todas las personas que participen en el Programa tendrán claro qué es lo que se va a hacer.

Las actividades responden a la pregunta de "cómo / a través de qué" se van a cumplir los objetivos específicos y suponen momentos clave, que no deben confundirse con tareas de gestión: llamar por teléfono, preparar una reunión, etc.

Son las acciones que se deben hacer para alcanzar los resultados o productos comprometidos. De esta forma, a cada resultado le corresponderá una acción o un conjunto de acciones determinadas y lógicamente relacionadas.

A la hora de proponer y seleccionar las actividades se pueden utilizar las mismas herramientas que para seleccionar la estrategia: la experiencia y la creatividad.

Entre las herramientas propuestas en el epígrafe 1 de este curso dispones de una metodología muy útil: el **Design Thinking.**

Mapa de partes interesadas.

Si con el programa de voluntariado pretendemos conseguir una mejora en un colectivo, en la sociedad o el medioambiente, deberemos aproximarnos a la realidad de la manera lo más objetiva posible. Este acercamiento nos permitirá establecer unos objetivos realistas, una planificación ajustada y prever los recursos que serán necesarios.

No obstante, la realidad siempre es compleja: el origen de la cuestión siempre es complejo, y sobre el problema siempre actúa un ecosistema de grupos de interés, cada uno de ellos con unas necesidades y expectativas sobre nuestra acción y que debemos conocer y gestionar adecuadamente.

Partes interesadas.

Las partes interesadas, grupos de interés o Stakeholders, es cualquier entidad, persona o colectivo que afecta o se ve afectada en lo que se refiere a un contexto determinado.

En el caso de un programa de voluntariado determinado, podrán ser los destinatarios, su comunidad, los propios voluntarios, la entidad de voluntariado...

Una organización o una persona que realiza el voluntariado no son unidades aisladas (ni tampoco, como veremos al trabajar el diagnóstico, las personas, colectivos o grupos objeto de la acción). La acción afecta y se ve afectada por otras partes interesadas, y, por otra parte, tienen direccionamientos y restricciones internas que afectarán a lo que hagamos y cómo lo hagamos.

Para asegurar que nuestro Programa de Voluntariado es coherente con todo el sistema en el que se desarrolla, siempre recomendamos identificar cuáles son las partes interesadas en general del programa, y en particular de cada actividad que vamos a realizar.

Los tiempos.

Se puede denominar también calendarización. Se trata de prever con antelación el tiempo que debemos dedicar a la realización de tareas, lo que nos ayudará a planificar actividades, evitando cualquier contratiempo. El criterio inicial para diseñar nuestro calendario será tener en cuenta la duración, sin olvidar que esta dependerá de los objetivos, los/as destinatarios/as, los recursos, los espacios, etc.

Es conveniente elaborar un calendario detallado que incluya una planificación y un cronograma.

PLANNING: su función es mostrar las actividades que se van a realizar. En este nivel sería recomendable un nivel de concreción no demasiado detallado (ver ejemplo), ya que el detalle estaría a nivel de proyecto.

CRONOGRAMA: incluye las tareas antes, durante y después de la actividad. Nos muestra, en un golpe de vista, los tiempos en los que desarrollan acciones que hay que realizar.

Ámbito territorial.

Consiste en la determinación restringida del área geográfica, señalando el lugar específico de funcionamiento del proyecto: barrio, municipio, etc.

Número de voluntarios y su perfil.

Como parte clave de la actividad, será importante estimar el número de personas voluntarias necesarias, en relación con las actividades, así como su perfil (conocimientos, habilidades, experiencia) de manera que sus competencias sean las adecuadas para el correcto desempeño de su labor.

Es importante el tener en cuenta durante la planificación el trabajo de motivación (especialmente en la fase de análisis de la realidad), así como una adecuada formación permanente y reconocimiento de los/as voluntarios/as para su permanencia y continuidad en el proyecto.

Criterios para determinar el perfil de las personas destinatarias.

En caso de que los/as destinatarios/as de la acción voluntaria sean personas, deberemos definir los criterios para determinar el perfil de estas personas (características socio-culturales, económicas, de riesgo de exclusión) con el fin de ajustar adecuadamente la actividad y la acción voluntaria con las personas destinatarias de la acción.

Recursos.

Son las materias primas, los medios disponibles (humanos y materiales), con que cuenta el Programa, para lograr los objetivos, resultados y actividades planificadas en él.

Recursos humanos.

Hace referencia a "describir la calidad y la cantidad de las personas que son necesarias para la ejecución de las actividades que contempla el proyecto". En un Programa de voluntariado no todas las actividades las realizan personas voluntarias, e incluso es probable que las actividades sean principalmente realizadas por trabajadores/as con el soporte del voluntariado.

Debemos tener en cuenta a todas las personas implicadas en el proyecto y sus funciones: equipo base de trabajo, personas de apoyo, equipos técnicos de zona y otras entidades con las que colaborar.

Recursos materiales.

Debemos hacer una relación de los materiales con los que contamos y cuáles vamos a necesitar.

Recursos económicos.

Desde el principio debemos tener claro el coste total del Programa y cómo vamos a financiarlo. Todo proyecto lleva implícitos unos gastos que es conveniente tener previstos.

Por ello es necesario elaborar un presupuesto realista que cubra los gastos materiales, de reuniones, de material, de locales, ..., así como los sueldos (si hay trabajadores/as implicados en el Programa), equipo y todos los aspectos que es preciso subvencionar para llevar a cabo el proyecto.

La financiación hace referencia a cómo serán provistos los gastos del proyecto y qué institución o instituciones van a financiarlo.

El Plan de control, seguimiento y evaluación.

Control y seguimiento.

Como en cualquier plan, una adecuada gestión durante su despliegue debe venir precedida de una planificación detallada del control y seguimiento de los aspectos críticos. En este caso, deberemos definir primero cuáles son los aspectos clave a controlar.

Algunos de los posibles ámbitos del control y seguimiento pueden ser:

Compromisos adquiridos. De manera que pueda evidenciarse el cumplimiento de los acuerdos establecidos con cualquier parte interesadas.

Avance del Programa respecto a lo planificado. Fases, actividades, control de tiempos...

Cumplimiento de objetivos. ¿Se han cumplido los objetivos? Se puede evaluar a lo largo del proyecto o al final.

Factores críticos de éxito. (ver caja de herramientas tras este epígrafe) Si hemos definido claves del éxito del proyecto, deberíamos monitorizarlas.

Riesgos evaluados. Cuestiones que pueden poner en riesgo el proyecto y que deben ser controlados. En su mayoría se habrán identificado en el análisis de riesgos inicial.

<u>Control de recursos</u>. Su existencia y uso, y por supuesto un adecuado control presupuestario.

Personas (voluntarios/as y trabajadores/as). En especial la capacitación, motivación y el desempeño.

El control y seguimiento es una actividad en sí, por lo que deberá disponer de los procesos, herramientas y recursos adecuados, así como los puntos a tener en cuenta que pueden incidir o perjudicar al desarrollo eficaz del programa y medidas a tomar en cada punto.

Evidentemente, esta actividad se puede burocratizar excesivamente, por lo que recomendamos una selección adecuada y no excesiva de aspectos a controlar.

Evaluación.

La evaluación es el proceso de reflexión que permite explicar y valorar los resultados de las acciones realizadas. No debe ser un fin en sí misma, sino un medio para mejorar y para hacer un uso más adecuado de los recursos disponibles y para cambiar, si fuera necesario, el curso de las acciones.

Por supuesto, la evaluación debe planificarse en la fase del diseño del Programa de Voluntariado y deberá ir principalmente ligado a la medición de la consecución de los objetivos planteados.

Básicamente, en función de los aspectos a evaluar, solemos hablar de los siguientes tipos de evaluaciones:

<u>De seguimiento</u>: como hemos visto en el epígrafe anterior, ligados a la actividad, la realización de actividades y el control de aspectos críticos (gestión de recursos, avance...).

<u>De resultados</u>: asociado con los objetivos específicos del proyecto (si estos están bien planteados).

Impacto: alcance del proyecto en el contexto social amplio, más vinculado a objetivos generales, así como medición de los anteriormente mencionados efectos no esperados.

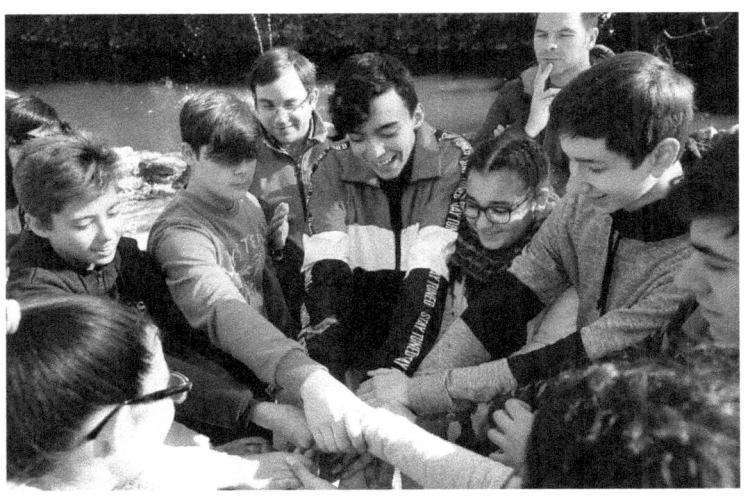

La evaluación es una fase clave y, por tanto, debe planificarse como una actividad más. De esta manera, al igual que para el control y el seguimiento, para la evaluación se deberá disponer de los procesos, herramientas y recursos adecuados.

La evaluación no se limita únicamente a registrar o medir resultados para la toma de decisiones, sino que contribuye al conocimiento de la acción, aportando al aprendizaje y a los conocimientos que las personas a cargo del programa tienen de las cuestiones que abordan.

De esta manera resulta indispensable que los equipos que realizan las actividades cuenten con las competencias para realizar en forma permanente distintas acciones de evaluación. Si no están contempladas, se está afectando la calidad de los resultados del proyecto.

Para realizar una evaluación de un Programa de Voluntariado, cuyo fin es mejorar siempre la calidad de vida de los grupos destinatarios, sería recomendable medir (de una manera u otra) los aspectos descritos a continuación.

Tipos de cambios producidos: relacionados con el cumplimiento de objetivos.

Cantidad y calidad de los cambios: relación con la calidad de vida.

Efectos colaterales del programa: son los relacionados habitualmente con efectos no previstos sobre los beneficiarios o sobre otras partes interesadas.

Herramientas para el control, seguimiento y evaluación.

A la hora de realizar el control, seguimiento y evaluación podremos contar con diferentes herramientas, tanto cualitativas, como cuantitativas, si bien la herramienta más utilizada suelen ser los indicadores.

Un indicador se define como la unidad que sirve para medir el grado de obtención de un objetivo específico. Estos indicadores deben ser medibles y objetivamente verificables.

Al definir sobre qué variables se recogerá la información necesaria, los indicadores nos señalan en qué se refleja y/o manifiesta en concreto esa variable a medir y observar.

De esta manera, contemplamos indicadores cualitativos y cuantitativos, dependiendo del tipo de variable y su comportamiento. Nos vamos a encontrar, por tanto, con diferentes indicadores en función de qué queramos medir del proyecto:

- Intermedios - Finales
- Absolutos - Relativos
- De hechos (objetivos) - De percepciones (subjetivos)
- Simples - Compuestos (Índices)
- De Eficacia - De Eficiencia
- Cuantitativos - Cualitativos

Por ejemplo, como ejemplos de indicadores útiles para construir un sistema de evaluación y mejora de la calidad de vida, tenemos el indicador *AROPE* del Eurostat.

El indicador AROPE (At Risk Of Poverty and/or Exclusion) es un indicador creado por la Red Europea de Lucha contra la Pobreza y la Exclusión Social. Se encarga de medir el riesgo de exclusión social y pobreza.

Debemos aspirar a intentar el desarrollo de este tipo de indicadores en nuestros programas y proyectos.

Contraste y revisión final.

Una vez hemos definido las claves del programa, en el que ya llevamos tiempo trabajando, es probable que en el camino se nos hayan quedado cuestiones fundamentales, o que en el trabajo reflexivo y creativo que implica la elaboración de un Programa de voluntariado hayamos perdido parte de la perspectiva.

Es momento ahora de revisar, de manera crítica pero ordenada, el proyecto y posiblemente en parte su viabilidad.

Primero, planteémonos su coherencia. Nos podemos hacer las siguientes preguntas:

¿Los objetivos suponen una transformación positiva de la situación analizada?
¿Son reales, verificables y trascendentes?
¿Los componentes conducen al alcance de los objetivos?

Si es coherente, valoremos ahora si es viable y asegurémonos de que lo hemos tenido todo en cuenta:

¿Es factible la ejecución de los componentes y actividades previstos?
¿Se han estimado costes y riesgos del proyecto?
¿Cuenta con recursos o financiación?
¿Cuenta o contará con la validación por parte de todas las partes interesadas?

Una vez valorada la coherencia y viabilidad básica del Programa, recomendamos realizar un análisis en profundidad de debilidades y fortalezas del proyecto, cuáles son los factores críticos del éxito, así como un análisis de riesgos.

Esto aumentará enormemente las posibilidades de éxito del programa, ya que permite establecer de antemano acciones que minimicen los riesgos o que reforzarán los factores críticos de éxito.

Herramientas.

Análisis DAFO.

Es una metodología de estudio que facilita el análisis de la realidad desde perspectivas internas (Debilidades y Fortalezas) y externas (Amenazas y Oportunidades) y que ayudarán a prever situaciones negativas o aprovechar las positivas.

Factores clave del éxito.

Son los aspectos que deberemos controlar para asegurar el éxito del proyecto. Suelen ser pocos y si están bien identificados nos ayudarán a controlar la acción sin dispersarse.

Debilidades - Inexperiencia

Falta de financiación - Amenazas - Desencanto de las personas voluntarias por no obtener éxito a corto plazo.

Fortalezas - Actitud positiva del equipo - Oportunidades - Aprendizaje durante el proceso, posibles alianzas con otras asociaciones.

FCEs - Contacto permanente con colegios - Charlas con impacto.

Análisis de riesgos

Es un estudio sistemático de las causas de las posibles amenazas y probables eventos no deseados y los daños y consecuencias que estas puedan producir. Metodológicamente se realiza:

-Listando todos los posibles riesgos que pueden acontecer.

-Valorando la probabilidad de que ocurra y su impacto.

-Estableciendo medidas preventivas en la medida de lo posible.

Tras este análisis ya tendremos toda la información básica para documentar nuestro Programa de Voluntariado. Veamos ahora el índice propuesto por la Ley e incorporemos, si lo deseamos, la información extra que hemos generado durante todo el trabajo.

Ajuste a contenidos mínimos de la Ley

Ahora que ya hemos trabajado en profundidad la fundamentación y las claves de planificación del Programa, nos podemos asegurar de que cumplimos los contenidos mínimos de la Ley.

Como veréis, solo falta ponerle un nombre y determinar una persona responsable.

El resto de contenidos los hemos trabajado en el curso, con lo que nuestro programa cumplirá los preceptos legales, pero podemos añadirle buena parte de lo trabajado en este curso, y reforzará la calidad del trabajo.

Como propuesta básica, el índice que se indica a continuación.

Por supuesto, la organización puede incluir los contenidos extra que consideréis o ampliar en profundidad los ya planteados, pero en este curso pretendemos asegurar un adecuado planteamiento básico.

En *cursiva*, los contenidos mínimos establecidos por la Ley, y en **negrita** las aportaciones extra:

A. Denominación.
B. Identificación del responsable del programa.
C. Diagnóstico. Identificación del problema o situación a mejorar. Hipótesis y análisis causa-efecto.
D. Fines y objetivos.
E. Resultados y productos esperados
F. La estrategia.
G. Descripción de las actividades.
H. Mapa de partes interesadas.
I. Ámbito territorial que abarque.
J. Duración prevista para su ejecución.
K. Número de voluntarios necesarios, el perfil adecuado para los cometidos que vayan a desarrollar y la cualificación o formación exigible.
L. Criterios para determinar el perfil de las personas destinatarias del programa.
M. Medios y recursos precisos para llevarlo a cabo.
N. Mecanismos de control, seguimiento y evaluación.
O. Análisis DAFO, Factores críticos de éxito y análisis de riesgos.

Resumen de ideas fundamentales.

Para elaborar un programa de voluntariado acorde a los requisitos de la Ley debemos aportar información, como mínimo, de unos determinados epígrafes, los obligatorios según la Ley.

Inicialmente, incorporaremos el Diagnóstico realizado, así como la identificación del problema/situación a mejorar y las hipótesis y análisis causa-efecto.

Para la elaboración de los fines y objetivos, que es la clave para la definición de un buen Programa de Voluntariado, transformaremos el problema central, sus causas y efectos, en metas a lograr.

Debemos definir los logros esperados, para asegurar una visión clara y compartida de lo que se pretende conseguir y facilitar la futura evaluación del éxito.

Definiremos nuestra estrategia y unas actividades o acciones.

Deberemos identificar las partes interesadas que pueden influir en el proyecto o a las que el proyecto influirá.

Estimaremos los tiempos en los que se llevarán a cabo las actividades, así como el ámbito territorial en el que se desarrollarán.

Calcularemos el número de voluntarios necesarios, así como el perfil adecuado para el correcto desempeño de su labor.

Definiremos, si procede, los criterios para determinar el perfil de las personas destinatarias.

Determinaremos los recursos necesarios para la adecuada realización de las actividades (económicas, materiales y humanas).

Estableceremos un plan de control, seguimiento y evaluación del programa, asegurando que se definen actividades y se asignan recursos a su realización.
Tras esto realizaremos un contraste y revisión final, incorporando un análisis DAFO, un análisis de riesgo y valoraremos los Factores Críticos de Éxito del Programa.

Por último, asignaremos un/a responsable y una denominación adecuada.

DESARROLLO DE LA EVALUACIÓN.

La Ley de Voluntariado, en su artículo 7, establece que uno de los contenidos mínimos que debe contener un Programa de voluntariado son los "Mecanismos de control, seguimiento y evaluación".

En el bloque anterior de Diseño de Programas de Voluntariado, te explicamos como hacer un Programa de Voluntariado completo asegurando que cumples con la Ley.

En este módulo haremos un acercamiento general al concepto de evaluación y su aplicación en los programas de voluntariado. Además, conoceremos las diferentes fases en la evaluación, centrándonos en la principal: el diseño.

Por último, intentaremos aclarar la diferencia, no siempre sencilla, de discernir, entre resultado e impacto, cuando hablamos de evaluación.

¿Por qué evaluar?

Todos los programas de voluntariado están destinados a mejorar la vida de las personas o colectivos para los que están diseñados; y se ha convertido en una obligación que estas mejoras sean cada vez más rentables en recursos humanos, materiales y temporales. Por tanto, además del cumplimiento de objetivos (eficacia), los programas deben hacer un adecuado uso de recursos (eficiencia).

Además, cada vez es más necesario controlar el impacto de estos programas, refiriéndonos tanto al alcance (por ejemplo: cuántas personas se ven beneficiadas y reciben algún tipo de información o modificación con las acciones relacionadas con dichos programas) como a los efectos no esperados de dichos proyectos, ya sean positivos como negativos.

Especialmente interesantes son estos últimos, sobre todo los planes de contingencias necesarios para controlar dichos efectos y convertirlos en mejoras del programa.

El objetivo principal que se persigue al realizar una evaluación es, entre otras cosas, si se han obtenido los resultados esperados y conocer hasta qué punto las decisiones tomadas han sido las más adecuadas.

Esta necesidad se instrumentaliza a través de los procedimientos de evaluación, convirtiéndose en una herramienta imprescindible dentro de cualquier Programa de Voluntariado.

Las evaluaciones, por tanto, deben ser útiles para la organización y deben permitir el aprendizaje, es decir, deben proporcionarnos información que nos permita mejorar nuestra toma de decisiones.

Qué es la evaluación.

Es la sistemática de recogida de información y análisis para determinar si el valor obtenido ha satisfecho las expectativas y si la acción desarrollada ha aportado valor y mérito.

Con la evaluación, lo que se persigue es hacer una valoración lo más sistemática y objetiva posible del programa, pudiendo encontrarse en una fase previa a su desarrollo, en desarrollo propiamente dicho o finalizado, de su concepción, desarrollo o resultados. Trata de determinar si los objetivos han sido los adecuados, si se han conseguido y en qué grado, la eficiencia, eficacia, viabilidad e impacto.

La evaluación deberá proporcionar información veraz y útil para proporcionar una mejora de los mecanismos propios de la toma de decisiones.

La evaluación debe ser útil y proporcionar enseñanzas e información para despejar interrogantes, la mejora del programa, la calidad de las acciones (actuales y futuras) y para el beneficio de los participantes y el resto de los agentes implicados.

Tipos de evaluación.

Existen diferentes tipos de evaluación en función de diferentes criterios (el momento de realización, la naturaleza de la evaluación, las características del objeto de evaluación...).

A continuación, presentaremos la clasificación y características principales de las modalidades de evaluación más comunes pudiendo, no obstante, existir otras:

INTERNA.

Realizada por responsables de la gestión del proyecto. Asociada generalmente a la fase de seguimiento.

Las auditorías internas de gestión de la calidad realizadas por personal de la Organización, serían un ejemplo de evaluaciones internas.

<u>Ventajas</u>: Análisis más real vinculado a debilidades y fortalezas, Menor coste

<u>Desventajas</u>: Riesgo de no ser objetivo que impida la correcta identificación de las debilidades y fortalezas. Inexperiencia en el uso de instrumentos de evaluación.

EXTERNA.

Realizada, por tanto, por especialistas ajenos al proyecto.

Dentro de estas nos podemos encontrar las auditorías contables o las de certificación de sistemas de gestión de la calidad, por ejemplo.

<u>Ventajas</u>: Objetividad, Independencia, Especializados en el uso de instrumentos de evaluación, Experiencia con proyectos similares

<u>Desventajas</u>: Alto coste, Posible inaplicabilidad de los resultados debido al desconocimiento concreto del tema evaluado.

En función de quién la realiza:

PARTICIPATIVA

Es una modalidad de la evaluación interna en la que en lugar de ser el responsable de la gestión del proyecto quien realiza la evaluación, son los beneficiarios quienes lo hacen, a través de la interpretación, recomendaciones, …, permiten la recogida de datos.

MIXTA

Conjuga las dos perspectivas anteriores tratando de minorizar las desventajas.
Por ejemplo, el caso en el que una auditoría interna de calidad la realice una persona externa a la organización.

En función de los instrumentos utilizados:

CUANTITATIVA

Mediciones objetivas (cuantificables).

CUALITATIVA

Hace referencia a toda aquella información que se obtiene a partir de objetivar elementos subjetivos de la acción desempeñada (opiniones, sugerencias, percepciones, etc.).

En función del momento temporal en que se realice:

EVALUACIÓN SIMULTÁNEA

INTERMEDIA

CONCURRENTE U ON-GOING

Objetivo: obtener información sobre el desarrollo y desempeño del programa.

Proporciona valoraciones sobre la base del programa, pudiendo tomar la decisión de continuar o introducir modificaciones que mejoren la calidad del resultado. Permitir la rectificación de aquellos puntos considerados por la evaluación como débiles y reforzar o consolidar los considerados fuertes.

EVALUACIÓN PREVIA, EX ANTE O A PRIORI

Objetivo: proporcionar información relevante que permita valorar si el programa debe o no llevarse a cabo, cuál es el más adecuado o qué modificaciones deben realizarse en su formulación.

Trabajo sistemático de análisis que mediante una lista de comprobación "ad hoc" evalúan la consistencia y viabilidad de la formulación. Se recomienda proceder tras la elaboración del primer borrador de Programa de Voluntariado.

EVALUACIÓN FINAL, SUMATIVA O DE CIERRE

Objetivo: valorar el resultado global del programa una vez concluido el mismo y extraer conclusiones que permitan un aprendizaje. Estudia el funcionamiento del programa para elaborar un informe que permita no únicamente conocer la calidad de la actividad, sino cómo mejorar programas de similares características.

EVALUACIÓN POSTERIOR, A POSTERIORI, EX-POST

Objetivo: se realiza un tiempo después de haber finalizado el programa con el objeto de estudiar sus repercusiones. Trata de analizar la capacidad del programa de mantener los resultados a lo largo del tiempo.

En función de su naturaleza:

DESCRIPTIVA

Desarrolla clasificaciones y taxonomías que detallan fenómenos, procesos y situaciones.

EXPLICATIVA

Trata de establecer relaciones causales que permitan extraer conclusiones y permitan predecir un resultado, situación…

Fases

Como cualquier actividad que queremos que sea sistemática y consiga los resultados esperados, la evaluación debe ser cuidadosamente planificada, y, por tanto, la fase de diseño y planificación se convierte en la más importante.

Veremos también cómo facilitar una adecuada implementación y la utilidad de reflexionar sobre la propia evaluación para poder aprender y mejorar.

Fases de la evaluación

-Diseño y planificación
-Implementación
-Análisis
-Evaluación y mejora

DISEÑO Y PLANIFICACIÓN

El diseño de la evaluación se debe realizar durante la elaboración del proyecto y los pasos serán los siguientes:

A. Decidir qué aspectos queremos evaluar.

Básicamente, en función de los aspectos a evaluar, solemos hablar de los siguientes tipos de evaluaciones, si bien más adelante nombraremos algunos otros.

<u>De seguimiento y control</u>: Ligados a la actividad, la realización de actividades y el control de aspectos críticos (gestión de recursos, avance...) del Programa de Voluntariado.

<u>De resultados:</u> asociado con los objetivos específicos del proyecto (si estos están bien planteados) así como medición de posibles efectos no esperados.

Impacto: alcance del Programa en el contexto amplio, más vinculado a objetivos generales.

Por tanto, y tal y como se muestra en el siguiente esquema, en la evaluación es una actividad íntimamente relacionada con la planificación del programa, y debe establecerse en las fases preliminares del proceso, principalmente vinculada a los objetivos.

Otros ámbitos de evaluación.

Si bien la evaluación del control, los resultados y el impacto son los tres ámbitos clave de evaluación, hay otros momentos en los que se podría necesitar evaluar otros aspectos del programa. Sin ánimo de hacer una lista exhaustiva, podemos considerar los descritos a continuación:

Diagnóstico de la situación.
Se evalúan las necesidades de los destinatarios y de otras partes interesadas, como fase inicial a la hora de definir un

programa de voluntariado. Previo al establecimiento de objetivos.

Diseño del proyecto.
Se evalúa el proceso de diseño y de qué manera ha influido en la consecución de unos resultados u otros. También la propia eficiencia del proceso de diseño.

Alcance de las mejoras
Se evalúan los resultados de las mejoras introducidas en el Programa tras una evaluación previa. Pueden estar relacionados con el proceso, los resultados o el impacto, y se establecen basándonos en comparaciones con mediciones previas.

Cobertura.
Analizar hasta qué punto llega a la población o destinatarios objetivos del Programa de voluntariado, analizar si existe un sesgo en la cobertura y/o realizar un análisis de las barreras y de la accesibilidad al programa.

Evaluabilidad.

Análisis de la capacidad de evaluar un programa. Es una meta-evaluación que pretende valorar si los enfoques o herramientas destinados para evaluar consiguen los objetivos para los que fueron diseñados. Evita esfuerzos y gastos innecesarios.

Entendemos que, como mínimo, habría que evaluar los resultados del Programa (esto es, si conseguimos los objetivos), pero en línea con los ámbitos que mencionamos en el punto dos de este tema, hay otros muchos ámbitos de evaluación o niveles de profundidad.

Por ejemplo, podríamos valorar, medir además el impacto, el coste en lo que se refiere a los resultados, o si hemos gestionado adecuadamente el programa (en cuanto a uso de recursos).

Dependiendo de la realidad de cada programa, puede haber unas prioridades u otras, y que en ocasiones son otros grupos de interés externos los que establecen requisitos de evaluación (por ejemplo, financiadores externos, si los hay).

B. Plantearnos preguntas que nos permitan evaluar cada aspecto (hacen referencia a indicadores de evaluación).

Aquí valoramos qué queremos evaluar, pasando de la teoría a la práctica.

La evaluación tiene que responder a unas preguntas determinadas, establecidas previamente o, si no, perderemos el foco y hasta es probable que dediquemos esfuerzos a medir cuestiones que no son clave o que no nos va a dar información de calidad.

Podemos centrarnos en ello una vez tenemos cuanto menos un esbozo del programa en todos sus ámbitos (objetivos, planificación con fases, actividades y recursos, resultados esperados). Es tan sencillo como trasladar la realidad del proyecto a preguntas básicas que nos facilitarán establecer qué información queremos tener.

Por ejemplo, si nuestros proyectos tienen un objetivo general del tipo: "Mejorar la empleabilidad de los parados de larga duración".

Las preguntas que podríamos hacernos son:

¿Qué nos indica que las personas tienen un mayor grado de empleabilidad? ¿El nivel de estudios? ¿Determinadas competencias?

O, si nos vamos a un nivel más relacionado con el impacto, *¿qué queremos conseguir mejorando su empleabilidad?* Seguramente el hecho de que consigan empleo o no.

En lo que se refiere al uso de recursos, nos podemos preguntar cuál es el recurso clave del proyecto. *¿El tiempo en conseguir que mejoren su empleabilidad? ¿El dinero invertido por desempleado? ¿El volumen de trabajo de los profesionales? ¿La cantidad de voluntarios necesarios?* De esta manera podemos identificar qué medir para tener controlado el recurso o conocer nuestro nivel de eficiencia.

C. Decisión de las técnicas de obtención de información.

Una vez conocemos qué información queremos conseguir, podemos establecer las técnicas más adecuadas para recoger información: cuestionarios, entrevistas, observación, indicadores.

La mayor parte de las técnicas de evaluación de programas de voluntariado provienen de la experiencia con proyectos sociales, y estas han sido adaptadas de otras áreas.

No debe confundirse la evaluación con la investigación científica, ya que la finalidad de la evaluación es la de permitirnos mejorar a la hora de tomar decisiones con el objetivo de mejorar a su vez la calidad de los programas.

Una vez desarrollados los criterios de evaluación se seleccionarán las técnicas de recogida de información que nos permitirán su posterior análisis.

Existen multitud de técnicas, pero podemos hablar de las principales:

TÉCNICAS CUANTITATIVAS.

Ponen su énfasis en la obtención objetiva de información, el establecimiento de una relación de causalidad y la obtención de una generalización del resultado.

Evaluación por indicadores. Por ejemplo, el Enfoque Marco lógico se basa fundamentalmente en este tipo. Los veremos con mayor profundidad en el segundo módulo del curso.

Encuestas formales: Generalmente, recogen información a través de cuestionarios. Sus resultados, también se pueden considerar indicadores.

TÉCNICAS CUALITATIVAS.

Buscan la descripción y la comprensión de la conducta.

Observación. Ya sea mediante observación participante o directa tienen un carácter fundamentalmente subjetivo. Suelen complementarse con otras técnicas como cuestionarios, listas de comprobación... con el objetivo de reducir dicha subjetividad.

Entrevista: Permite una gran flexibilidad a la hora de recoger la información. Existen diferentes modalidades de entrevista.
Siguiendo con el ejemplo de los parados de larga duración, nos interesará conocer, por ejemplo, la adquisición de determinadas competencias, o qué proporción consigue empleo.

También podremos pasarles una encuesta para conocer su percepción, pero podría ser interesante complementar con entrevistas que nos permitan conocer con algo más de profundidad su valoración del proceso.

Si, por ejemplo, también realizamos procesos de intermediación laboral con empresas, la encuesta será útil, pero el nivel de interlocución y la calidad de información que podríamos obtener de una entrevista con las empresas, sería mucho mayor.

Como veremos más adelante, un enfoque particular de aplicación de las técnicas implica su desarrollo como técnicas participativas. Se caracterizan porque tratan de implicar a la población objetivo en el desarrollo de la técnica. Dependiendo de la técnica elegida, los datos obtenidos pueden ser objetivos o de carácter más cualitativo.

A la hora de elegir, por tanto, las técnicas debemos tener en cuenta la característica de las mismas y procurar no limitarnos a un solo tipo para mejorar la riqueza y fiabilidad de los resultados.

D. Definir qué personas son las que van a evaluar:

El origen de la necesidad de evaluación o la complejidad de la misma, hacen que en la misma puedan participar diferentes agentes (equipo, participantes, financiadores...), con una responsabilidad diferente en cada uno de ellos, pero que hay que tener en cuenta en el diseño y la planificación de la evaluación.

Asignaremos cada una de las herramientas a utilizar a la parte interesada que la desplegará, de manera que nos quede claro quién es el responsable de la medición y quién de la evaluación.

Ejemplo: Julia sabe que va a ser ella la que analice la información, pero serán las personas voluntarias las que la recojan en buena parte, ya que en muchos casos la información se recogerá durante las actividades.

E. Definir y elaborar las herramientas que recogerán la información para la evaluación.

En esta fase elaboramos las herramientas de recogida de información, ya sean encuestas, entrevistas, el diseño de indicadores. De manera que tengamos claro que las herramientas nos van a permitir conseguir la obtención de la información con la mejor calidad.

Recomendaciones básicas respecto a las herramientas más comunes:

INDICADORES.

Lo veremos con más detalle en el siguiente módulo, pero la clave es definir indicadores

que nos faciliten conocer lo que deseamos de manera precisa y con el menor esfuerzo de medición posible.

ENCUESTAS Y ENTREVISTAS.

Aunque nos apetezca conocer muchos detalles, en este caso menos es más. Aseguremos que lo que preguntamos tiene que ver con lo que queremos conseguir y que sabemos cuáles son las claves para conseguirlo. No tiene sentido preguntar por el color de las paredes de la sala cuando la clave del éxito está en la habilidad del profesor...

OBSERVACIÓN.

Utilicemos esta herramienta siempre bajo criterios lo más objetivo posible. Si queremos evaluar una habilidad, o un comportamiento, intentemos establecer desde el inicio del programa cómo valoraremos una cuestión u otra. O qué consideraremos presencia de un hecho o ausencia de él. De esta manera, la observación (en particular si hay más de un observador) nos dará información más objetiva.

IMPLEMENTACIÓN.

Una vez definido el plan, necesitaremos asegurar que se despliegue adecuadamente. Para ello puede ser útil realizar alguna (o todas) estas actividades dependiendo de la complejidad de la recogida de información.

ENTRENAMIENTO.

El objetivo es proporcionar formación e instrucciones precisas, así como entrenamiento en la administración y puntuación de los instrumentos a todas las personas o grupos de interés implicados.

En el caso de una observación es clave, por ejemplo.

REALIZACIÓN DE UN ESTUDIO PILOTO.

Prueba de los instrumentos y procedimientos en un número pequeño de usuarios durante un tiempo muy limitado, para detectar cualquier problema antes de su aplicación definitiva.

A partir de ahí es seguir el plan.

El responsable del Programa de Voluntariado deberá asegurarse de que se establecen las recogidas de información y los análisis tal y como se establece en el plan.

Consejos para la implantación.

El seguimiento de la puesta en marcha depende en gran medida del grado de complejidad del Programa, pudiendo, en ocasiones, requerir la participación de múltiples agentes y actuaciones y obligando a destinar, por tanto, mayor cantidad de recursos.

El seguimiento debe ser simple pero, a su vez, completo, de manera que cumpla con su función de información y evaluación, pero sin suponer una sobrecarga de trabajo al equipo técnico y de gestión.

El sistema de seguimiento debe integrarse dentro del sistema de gestión del proyecto, porque se obtiene así una mayor implicación.

Rigor metodológico.

Hay que utilizar técnicas e instrumentos adecuados, y a la vez, poner sumo cuidado en los procesos de aplicación de los mismos. De modo que la información tenga validez interna y externa, es decir, que la información obtenida se refiera y se centre en los parámetros y variables que nos interesan y no a otras, que midan aquello que procuran medir.

Se requiere precisión en los instrumentos: estar diseñados de forma tal que pueda asegurarse que se refieren a lo que importa que se refiere, dejando de lado lo no relevante.

Asimismo, el instrumento debe ser fiable: debe tener la capacidad de ofrecer resultados similares o comparables, al ser aplicado reiteradas veces y por diferentes evaluadores.

Deberá mantenerse el rigor al momento de procesar, sistematizar y analizar la información obtenida, así como en la preparación de los informes para la devolución de los resultados.

Cualesquiera sean los métodos que se utilicen, los evaluadores son actores privilegiados y por lo tanto la validez, la precisión y la confiabilidad de los datos depende en gran medida de su capacidad, sensibilidad e integridad, lo cual lleva a la cuestión de la subjetividad en el proceso evaluativo, que debemos evitar en la medida de lo posible.

Triangulación metodológica.

La triangulación metodológica consiste en la utilización de diferentes tipos de técnicas que permitan contrastar y mejorar la fiabilidad de los resultados, pudiendo ser incluso contradictorias. De este modo se obtendrá una visión más objetiva.

Al utilizar los métodos cualitativos y cuantitativos de forma conjunta:

-Los métodos cualitativos aportarán la interpretación de los datos cuantitativos, permitiendo analizar la esfera social, económica y política del entorno en el que se lleva a cabo el proyecto.

-Los métodos cuantitativos proporcionarán información del grado en que los datos cualitativos son aplicables a otras situaciones/poblaciones.

Las ventajas del uso de la triangulación son:

-Incorporación de controles de coherencia que permitan realizar varias estimaciones independientes de las variables clave.

-Obtención de varias perspectivas.

-Proporcionará una mejor información de los resultados que permitan un mejor análisis de los resultados.

ANÁLISIS

Más que una fase temporalmente posterior a la identificación, el análisis debe hacerse cuando la misma se haya establecido en la planificación.

Aquí lo que pretendemos es evaluar la información recogida con el fin de tomar decisiones y, por tanto, es importante que en la evaluación participen personas que tengan la potestad para tomarlas.

Es crucial que todos los evaluadores conozcan cuál es el objeto de la evaluación y si existe alguna meta determinada.

Por supuesto, quien realiza el análisis no tiene que ser necesariamente quien recoja la información y viceversa. Son dos actividades diferentes y con objetivos diferentes.

ENFOQUE DE EVALUACIÓN PARTICIPATIVA.

Si se quiere desarrollar la evaluación con un enfoque participativo, es imprescindible la involucración de las partes interesadas, en especial de los destinatarios o sus representantes, de manera que colaboren activamente en su recolección y análisis (e incluso en su diseño de la propia evaluación).

En cada una de las fases, podemos incorporar momentos en los que estas partes interesadas participen. Como ejemplos:

<u>En el diseño</u>
- Se hace imprescindible la identificación de partes interesadas.
- Organizar con ellas un grupo de trabajo.
- Delimitación de preguntas y temas de la evaluación.
- Toma de decisiones sobre diseño, métodos y medición.

<u>En la implantación</u>
-Recogida de la información y datos compartidos.

<u>En el análisis y mejora</u>
- El grupo de trabajo se implica en el análisis.
- Decisión sobre cómo utilizar y aplicar los hallazgos.
- Decisión sobre difusión de hallazgos.

<u>Evaluación de los resultados y evaluación del impacto</u>
La diferencia entre resultados e impacto está principalmente relacionada con la amplitud de los efectos, la profundidad y el plazo en el que se desarrollan.

Estará relacionada más con objetivos generales de cambio, en lugar de con objetivos específicos de resultados directos de nuestras acciones.

Como en el fondo son todo resultados, la duda habitual surge en el momento en el que no tenemos claros los diferentes niveles de profundidad o amplitud.

Para esto, una técnica sencilla es identificar el nivel de resultados de acciones, y a partir de ahí seguir una secuencia lógica de ¿para qué? Hasta que lleguemos a un fin último. Esta escalera, al contrario, configuraría la *"Teoría del cambio"*.

Ahora veremos dónde están los dos problemas principales a la hora de identificar qué es resultado y qué impacto:

-No se tiene clara la jerarquía de objetivos, estableciendo como tales al mismo nivel objetivo que no lo están, siendo consecuencia unos de otros para conseguir el fin último.

-Teniendo los objetivos bien establecidos, tenemos claro cuáles son los resultados y qué es impacto, pero hay una "zona gris" en las cuales las medidas del éxito de los objetivos pueden ser impacto o resultado según se mire.

En esa zona gris, ¿qué es resultado y qué es impacto? Honestamente, da exactamente igual, si la organización tiene clara esta estructura y mide el éxito de sus objetivos en cada nivel, le dará igual llamarlo de una manera o de otra.

Como enfoques actuales más utilizados para medir el impacto, podemos nombrar:

SROI: (Social Return on Investment), cuyo objetivo fundamental se centra en determinar en qué grado los resultados de un proyecto se aproximan a los objetivos buscados.

Mapas de monitores y seguimiento Ex profeso: muy utilizado por consultores y agencias de I+D.

Evaluación Coste/Beneficio **(ACB)**

UFPA: Usabilidad / Factibilidad / Probidad / Adecuación.

LCREP: Listado de Cuestiones Relevantes en la Evaluación de programas.

ÚLTIMOS CONSEJOS SOBRE LA EVALUACIÓN.

La evaluación no debe suponer una sobrecarga ni de los recursos humanos ni materiales disponibles para el proyecto.

Su coste debe ser proporcionado en relación con lo evaluado.

Debes evaluar lo que consideres, pero ten mucho cuidado si estás evaluando personas. Respeta los plazos de planificación para permitir una adecuada toma de decisiones.

Asegúrate de su precisión para que los resultados puedan ser válidos y fidedignos

Dota la evaluación de flexibilidad para permitir las modificaciones que sean necesarias en los instrumentos de recogida y análisis de información.

Fórmula que permita establecer relaciones de causalidad.

Permite el acceso de datos a todos los implicados en el proyecto.

Debe ser realizada ética y honestamente.

Es la única manera de que los resultados obtenidos sean realmente utilizables.

Debe ser útil y práctica para que permita una mejora.

Debe ser sistemática durante todo el proceso de evaluación.

Resumen y puntos clave de la unidad. Esquema.

El objetivo principal que se persigue al realizar una evaluación es, si se han obtenido los resultados esperados y conocer hasta qué punto las decisiones tomadas han sido las más adecuadas, aunque se pueden evaluar muchos más aspectos.

Hay muchos tipos de evaluación, basándonos en, por ejemplo, quién la ejecuta, los instrumentos utilizados, el momento en el que se efectúa o su naturaleza.

Las fases principales de la evaluación son:

Diseño y planificación.

-Decidir qué aspectos evaluar.
-Plantear las preguntas adecuadas.
-Decidir las técnicas para resolverlas.
-Decidir quién realizará la evaluación.
-Diseño de las herramientas.
-Implementación.

Análisis.

-Evaluación y mejora.
-Si se quiere desarrollar la evaluación con un enfoque participativo, es imprescindible la involucración de las partes interesadas en todas las fases del proceso.
-La diferencia entre resultados e impacto está principalmente relacionada con la amplitud de los efectos, la profundidad y el plazo en el que se desarrollan.

Podemos identificar de manera más sencilla qué es resultado y qué impacto si establecemos una jerarquía clara entre nuestros objetivos más generales (más relacionados con el fin último de nuestra actividad) y los más específicos (más relacionados con acciones).

INDICADORES.

En este módulo nos centraremos en el concepto y los tipos de indicadores y propondremos una estructura básica para su construcción.

¿Qué son?

Comencemos por saber que existen múltiples definiciones para *indicador*, enumeramos a continuación algunas de ellas:

1.- Variable no directamente observable, pero inferida de observaciones, que dice algo respecto a un tema que interesa (Critto, 1982).

2.- Variable observable que sirve para operacionalizar un concepto (Abrahamson, 1983).

3.- Datos de diversa índole que, agregados entre sí, permiten un primer nivel de operativización de una realidad compleja cuando no se dispone de instrumentos de evaluación, o estos aún no contemplan las suficientes garantías métricas (Anguera, et al, 2008).

En definitiva, los indicadores son herramientas de medición que contribuyen a mostrar los datos relevantes para nuestro trabajo, reflejando una situación específica, los cambios o resultados.

En el caso de la evaluación de programas de voluntariado nos permitirán, por ejemplo, conocer el progreso alcanzado en el cumplimiento de las metas propuestas para el logro de los objetivos y las acciones realizadas.

Contribuyen a mostrar los datos relevantes para nuestro trabajo, reflejando una situación específica, los cambios o resultados.

La fórmula de los indicadores suele hacer referencia a parámetros numéricos directos, como tantos por ciento y números absolutos.

También se pueden utilizar para medir grados de consecución de parámetros más cualitativos, siempre y cuando tengan, de forma inequívoca, aparejada una escala que nos permita objetivar los resultados.

EJEMPLOS DE INDICADORES

-De actividad: número de personas atendidas.

-De resultado: número de participantes que han conseguido trabajo

-De impacto: porcentaje de personas en riesgo de exclusión en el barrio

Tipos de indicadores

Existen muchas tipologías de indicadores, pero podemos, por su sencillez y en el ámbito de la evaluación de Programas de Voluntariado, podríamos utilizar estos tipos de indicadores:

INDICADORES DE RESULTADO (EFICACIA)

Miden los cambios que se van a producir en un periodo de tiempo. Asociados habitualmente a los objetivos del programa o de cada acción del programa.

INDICADORES DE CONTROL Y SEGUIMIENTO.

Nos dan información sobre el avance y la gestión del programa o las acciones previstas en él.

<u>Indicadores de actividad</u>: miden volúmenes (ojo, no confundir con resultados, como veremos más adelante).

<u>Indicadores de eficiencia</u>: evalúan el uso de recursos y nos permiten conocer, si estamos dedicando más recursos de los estimados e incluso comparar en ocasiones determinados enfoques consiguen mejores resultados usando menos recursos.

<u>Indicadores de eficacia de procesos internos</u>: nos dan información sobre procesos de gestión y que afectan al resultado.

INDICADORES DE IMPACTO

Miden los cambios que se espera lograr al final de un período y se ubican en el nivel del propósito u objetivo general en el que se enmarca un programa de voluntariado.

¿Cuándo un indicador es de resultado y cuándo es de control y seguimiento?

Como hemos visto anteriormente, un indicador de actividad mide volúmenes, y es habitual que muchos de los indicadores de proyectos asociados a programas de voluntariado confundan indicadores de actividad con indicadores de resultado.

La principal diferencia entre unos y otros es que en los indicadores de resultado estamos midiendo un cambio. Un cambio que además generalmente es deseado y provocado por la propia acción. En definitiva, van asociados a los objetivos del proyecto.

En ocasiones, podría haber dudas sobre si un indicador que mide volúmenes nos da información sobre si es un resultado.

Por ejemplo, en el caso de programa de voluntariado con acciones dirigidas a formar jóvenes en riesgo de exclusión, ¿sería un indicador el número de jóvenes que asiste a clase?

Pues depende. Si uno de los objetivos es fomentar la escolarización, evidentemente la asistencia es un resultado. Si no, solamente estaremos midiendo nuestra capacidad para hacer atractiva la formación y, por tanto, estaremos midiendo la eficacia de un proceso interno.

¿Cómo definirlos? Construcción de indicadores.

La selección y definición de indicadores se debe realizar a partir de los objetivos concretos del programa y siempre alineados con el plan de seguimiento y evaluación previsto (ver módulo 1)

Como vimos en el módulo anterior, los indicadores se relacionan con la propia a actividad y los objetivos, midiendo en cada caso un ámbito diferente:

Como también vimos en el módulo anterior, para definirlos, primero hay que fijar claramente cuáles serán las dimensiones o los grandes aspectos a evaluar, luego definir las variables y los indicadores correspondientes, y a continuación se obtendrán los datos usando las técnicas e instrumentos adecuados.

Para recoger evidencia válida y fiable, es muy importante la toma de decisiones con relación a las técnicas e instrumentos se utilizarán en función de las variables e indicadores seleccionados.

Los indicadores:

-Deben estar claramente definidos.

-No serán excesivos.

-Serán específicos e independientes.

-Serán significativos.

-Serán relevantes con respecto a los objetivos del proyecto.

Para que un indicador sea útil, además, debe ser:

-Válido en su función.

-Indicadores que revelen efectivamente los cambios que pretenden expresar.

-Objetivo. Que arroje los mismos resultados cuando lo utilicen diferentes personas, en distintos momentos y en circunstancias no idénticas.

-Sensible. Que registre los cambios de la situación o el fenómeno del que se trate, aunque algunos pueden ser sensibles a más de una situación.

-Preciso. Que sea capaz de promover que la información final sea relevante y detallada

¿Cómo definiremos un indicador?

Hay determinados aspectos que es muy conveniente definir, una vez sabido, el qué queremos medir, que es lo primero. Por ejemplo, aunque podríamos valorar incorporar algún ámbito extra de medición:

-Nombre. Mejor que sea sencillo y fácilmente identificable.

-Fórmula: de qué manera se medirá el indicador (número, relación, porcentaje, etc..) y qué componentes tendrá.

-Quién medirá: quién será el responsable de recoger las fuentes de verificación.

-<u>Meta o referencia</u>: Cuál es la meta o la referencia donde esperamos que se moverá el indicador.

-<u>Cuándo se medirá</u>: ¿Cada cuánto? ¿Tras alguna actividad en particular?

-<u>Quién evaluará</u>: Quién analizará la información.

-<u>Cuándo se evaluará</u>: Cuándo se analizará la información.

Fuentes de verificación.

Son el medio por el cual podemos corroborar o comprobar el cumplimiento de un indicador. Por lo general, para cumplir el requisito de tener fuentes de verificación, suele ser suficiente con consensuarlas y mantenerlas organizadas.

Algunos ejemplos son:

-Fotos de una jornada de trabajo.
-Actas de una reunión.
-Registro de asistencia de un curso.
-Memoria de una actividad.
-Encuestas de satisfacción.

Una fuente de verificación es el conjunto de medios y/o procedimientos que permiten analizar el grado de cumplimiento de los indicadores. Los indicadores deberán tener una fuente de verificación que nos permita comprobar su cumplimiento, ya que de lo contrario no será útil.

El alcance de la evaluación se compone de los procesos y agentes intervinientes cuyo objeto es que el conocimiento sea efectivo, circule y se aplique en la toma de decisiones.

Verificar y manejar las fuentes de información supondrán promover el conocimiento, su diseminación y uso para contribuir a la mejora del proceso de evaluación.

El equipo encargado de la evaluación identificará las fuentes de información como una actividad más perteneciente a las diferentes fases del proyecto. Estas fuentes no deberán ser costosas, fiables y de fácil obtención. Las fuentes de verificación se clasifican en:

- Internas
- Externas

Para identificar las fuentes de datos debemos:

-Conocer el programa.
-Recopilar la información de aspectos importantes del entorno.
-Obtener información de diferentes fuentes.
-Asegurarnos de que existen datos sobre los indicadores de resultados y variables explicativas pertinentes. Deben abarcar la diversidad de los resultados basándose en la participación del programa.
-Obtener datos de variables que puedan influir en los resultados, estos datos permitirán descartar efectos en los resultados y que pudieran ser causales y no aleatorios
-Independientemente de si la obtención de los datos, de los resultados o de las variables es cuantitativa o cualitativa, debe permitir la organización de forma que siga una estructura sistemática.
-La información puede ser complementada con otros datos que puedan ser útiles para el programa.

Los indicadores son herramientas de medición que contribuyen a mostrar los datos relevantes para nuestro trabajo, reflejando una situación específica, los cambios o resultados.

Para resumir, el esquema de los principales ámbitos de evaluación por medio de indicadores serán:

CONTROL Y SEGUIMIENTO

-Indicadores de actividad.
-Indicadores de eficiencia.
-Indicadores de eficacia de procesos internos (eficacia).

RESULTADO (EFICACIA)

IMPACTO

La principal diferencia entre indicadores de actividad y resultado es que con los indicadores de resultado estamos midiendo un cambio, habitualmente relacionado con los objetivos establecidos.

La selección y definición de indicadores se debe realizar a partir de los objetivos concretos del programa y siempre alineados con el plan de seguimiento y evaluación previsto.

A la hora de construir un indicador, podemos definir sus principales dimensiones.

-Nombre.
-Fórmula: de qué manera se medirá el
-Indicador (número, relación, porcentaje, etc..) y qué componentes tendrá.
-Quién medirá: quién será el responsable de recoger las fuentes de verificación.
-Meta o referencia: Cuál es la meta o la referencia donde esperamos que se moverá el indicador.
-Cuándo se medirá: ¿Cada cuánto? ¿Tras alguna actividad en particular?
Quién evaluará: ¿Quién analizará la información?

-Cuándo se evaluará: ¿Cuándo se analizará la información?

Los indicadores deberán tener una fuente de verificación que nos permita comprobar su cumplimiento.

AGRADECIMIENTOS

«Quisiera, llegado este punto, agradecer a muchas personas que me han animado a seguir para sacar a la luz este libro y, así, continuar con el proyecto inicial de publicar una colección de títulos, después de la estupenda acogida del primero de ellos, "**Curso para los que empiezan Agile Project Management**".

No ha sido fácil, pero agradezco sus constantes palabras de aliento y ánimo.

También a mi familia y amigos, quienes me han apoyado, acompañado y soportado en este proceso.

Especialmente a Ana, que ha contribuido como correctora y para poner un poco de orden en este proyecto.

A todos ellos, GRACIAS.»

www.ingramcontent.com/pod-product-compliance
Lightning Source LLC
Chambersburg PA
CBHW071409210526
45465CB00001B/308